CAUSES
DES SUCCÈS ET DES REVERS

DANS

LA GUERRE DE 1870

Essai de critique de la guerre franco-allemande jusqu'à la bataille de Sedan

Par DE WOYDE

LIEUTENANT GÉNÉRAL DE L'ÉTAT-MAJOR GÉNÉRAL RUSSE

OUVRAGE TRADUIT AVEC L'AUTORISATION DE L'AUTEUR

Par le Capitaine THIRY

DU 79e RÉGIMENT D'INFANTERIE

D'après la version allemande (2e édition), revue et corrigée par le général **de Woyde**

ATLAS

PARIS

LIBRAIRIE MILITAIRE R. CHAPELOT ET Cⁱᵉ

IMPRIMEURS-ÉDITEURS

SUCCESSEURS DE L. BAUDOIN

30, Rue et Passage Dauphine, 30

1900

CAUSES

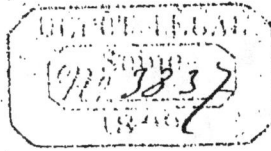

DES SUCCÈS ET DES REVERS

DANS

LA GUERRE DE 1870

PARIS. — IMPRIMERIE R. CHAPELOT ET Cᵉ, 2, RUE CHRISTINE.

CAUSES
DES SUCCÈS ET DES REVERS

DANS

LA GUERRE DE 1870

Essai de critique de la guerre franco-allemande jusqu'à la bataille de Sedan

Par DE WOYDE

LIEUTENANT GÉNÉRAL DE L'ÉTAT-MAJOR GÉNÉRAL RUSSE

OUVRAGE TRADUIT AVEC L'AUTORISATION DE L'AUTEUR

Par le Capitaine THIRY

DU 79e RÉGIMENT D'INFANTERIE

D'après la version allemande (2e édition), revue et corrigée par le général **de Woyde**

ATLAS

PARIS

LIBRAIRIE MILITAIRE R. CHAPELOT ET Co

IMPRIMEURS-ÉDITEURS

SUCCESSEURS DE L. BAUDOIN

30, Rue et Passage Dauphine, 30

1900

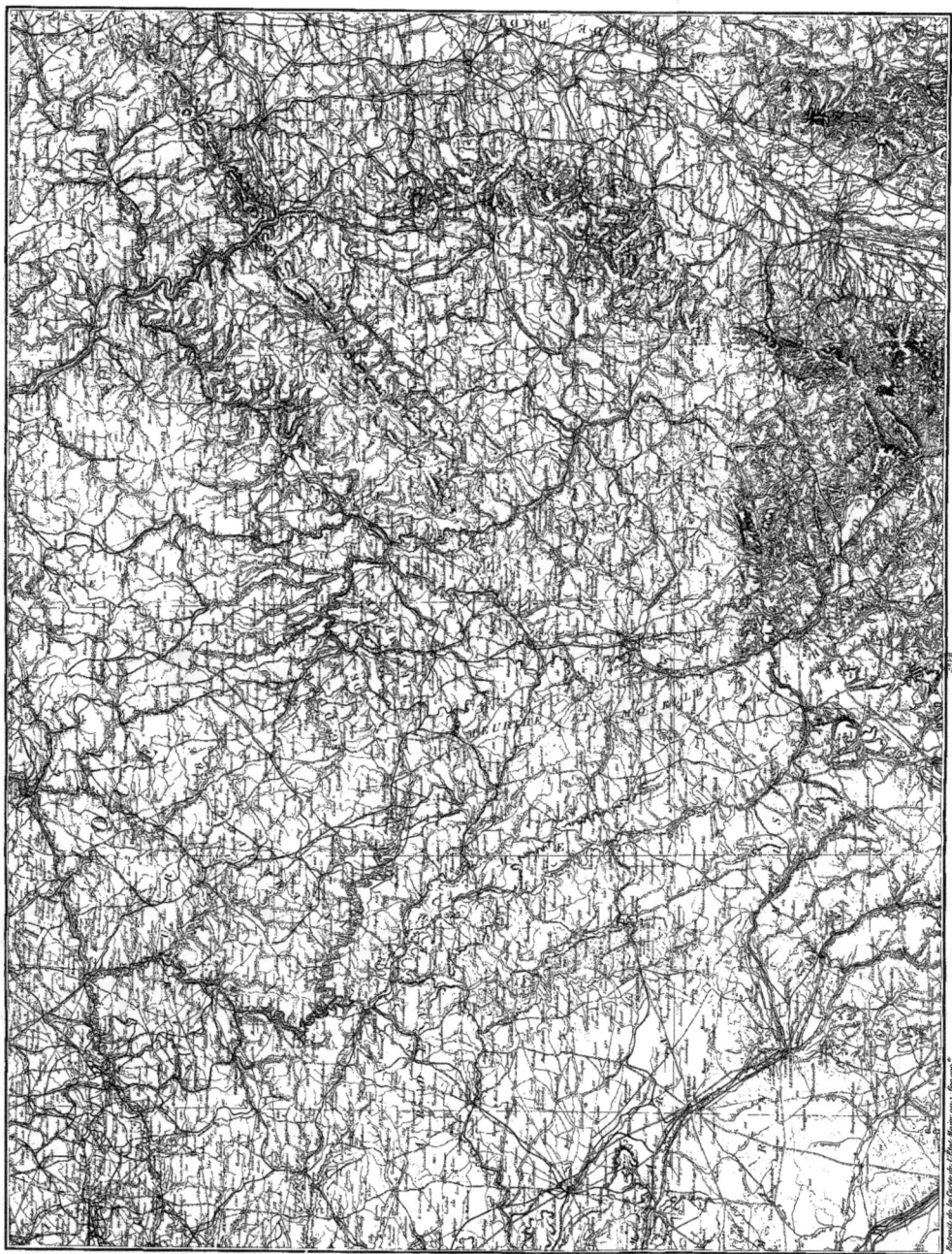

CARTE D'ENSEMBLE DU THEATRE DE LA GUERRE DE 1870-71.

Reserved de la Carte de l'État Major au 1/80000

De Haye, Scupto, Romes

POSITION DES
PARTIS BELLIGÉRANTS
au début du Mois d'Août.

Echelle au 2.000.000

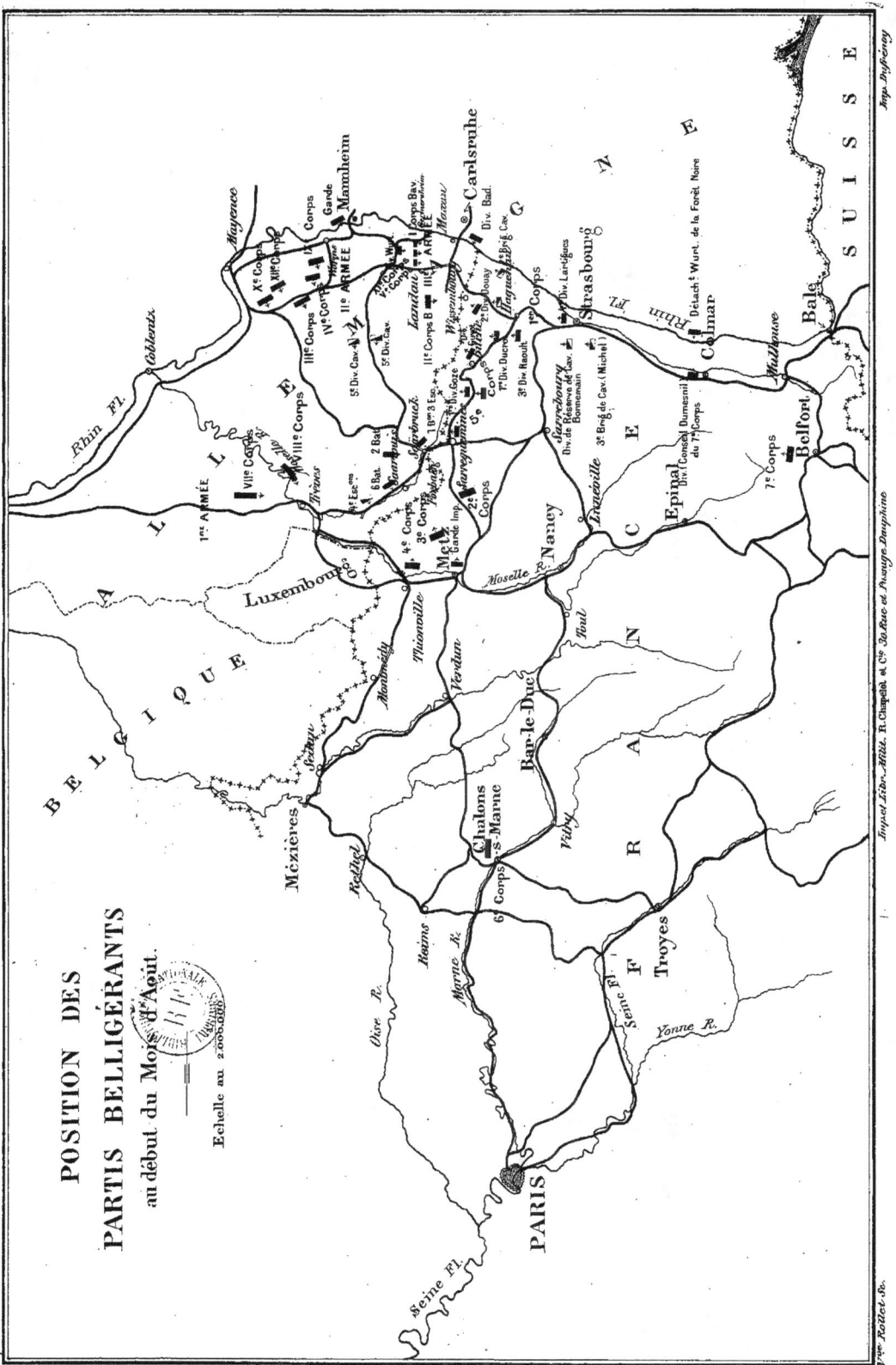

SUISSE

Coblentz

Rhin Fl.

Mayence

Mannheim

Carlsruhe

Div. Bad.

Div. Cav.

Landau

Strasbourg

Colmar

Détach.¹ Wurt. de la Forêt Noire

Bâle

Mulhouse

Belfort

7e Corps

Epinal
Div. (Conseil Dumesnil du 7e Corps)

Lunéville

3e Brig. de Cav. (Michel)

Sarrebourg
Div. de Réserve de Cav.
Bonnemain

Div. Larrdues

Div. Ducrot
2e Div. Douay
3e Div. Raoult

1er Corps

5e Corps

Garveyzemann

Gde Imp.

3e Co Bataille

Metz

2e Div.

Corps

4e Corps

Moselle R.

Nancy

Toul

Thionville

Verdun

Luxembourg

BELGIQUE

Chiers

Montmédy

Mézières

Meuse Fl.

Sedan

1re ARMÉE

Tréves

VIIIe Corps

VIIe Corps

Sarrebruck

6 Bat. 2 Bad

1re Lee

5e Div. Cav.

5e Div. Cav.

IXe Corps
XIe Corps
IIIe Corps

Xe Corps
XIIe Corps

Corps Garde

IIe ARMÉE

IIIe Corps Bav.

11e Corps B

Div. Cav.

IIIe ARMÉE

Wissembourg

Bar-le-Duc

Vitry

Marne R.

Châlons-s-Marne

6 Corps

Reims

Aisne R.

Oise R.

Marne R.

FRANCE

Troyes

Seine Fl.

Yonne R.

Seine Fl.

PARIS

Imp.et Libr. Milit. R. Chapelot et Cie Ja.Rue et Passage Dauphine

Imp. Dufrénoy

V.te Rollet. Sc.

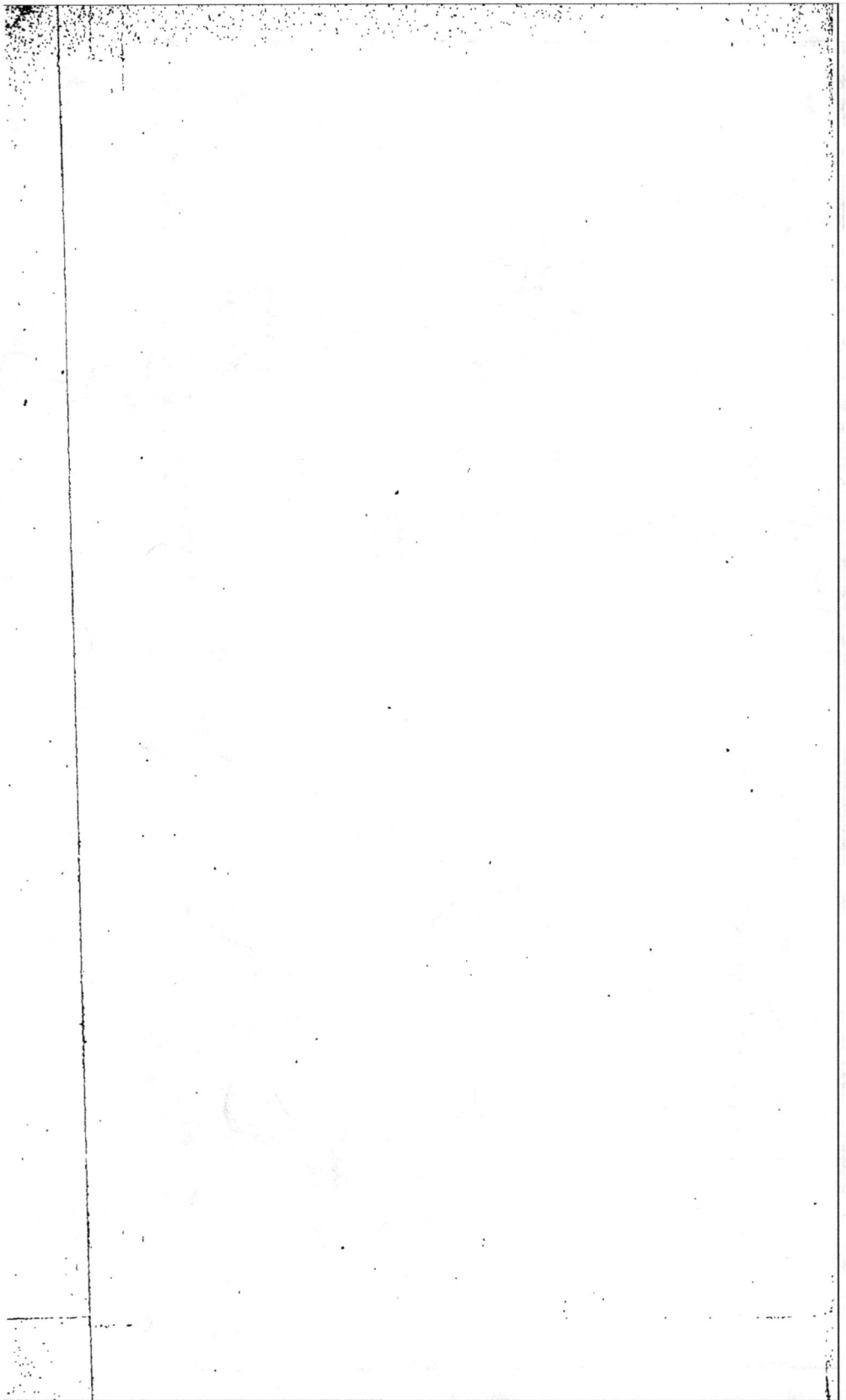

POSITION DES DEUX PARTIS LA VEILLE DE LA BATAILLE DE SPICHEREN-FORBACH

(Soirée du 5 Août 1870)

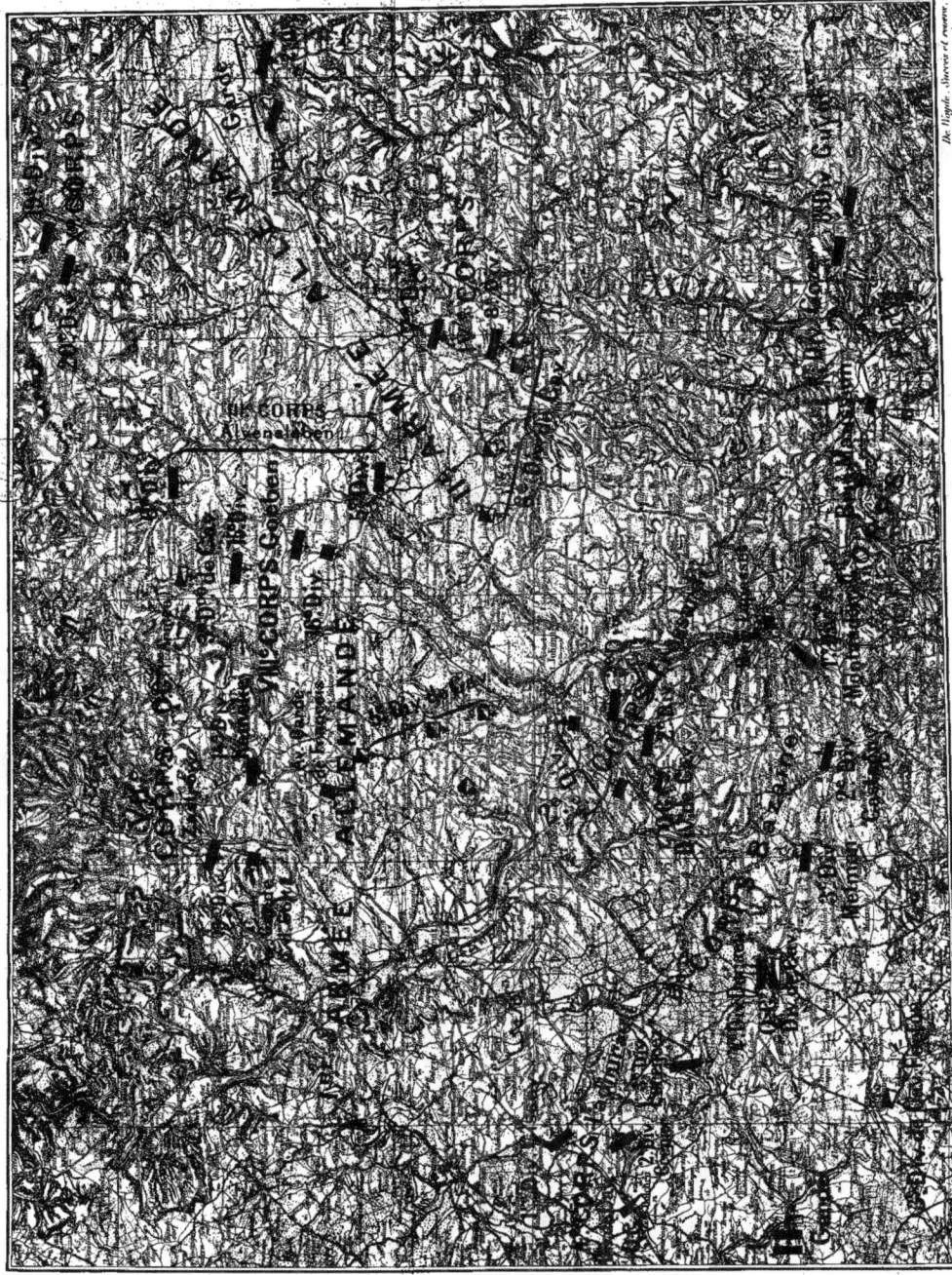

Echelle : 1 : 200000.

De l'ligule . Sherere et ensow.

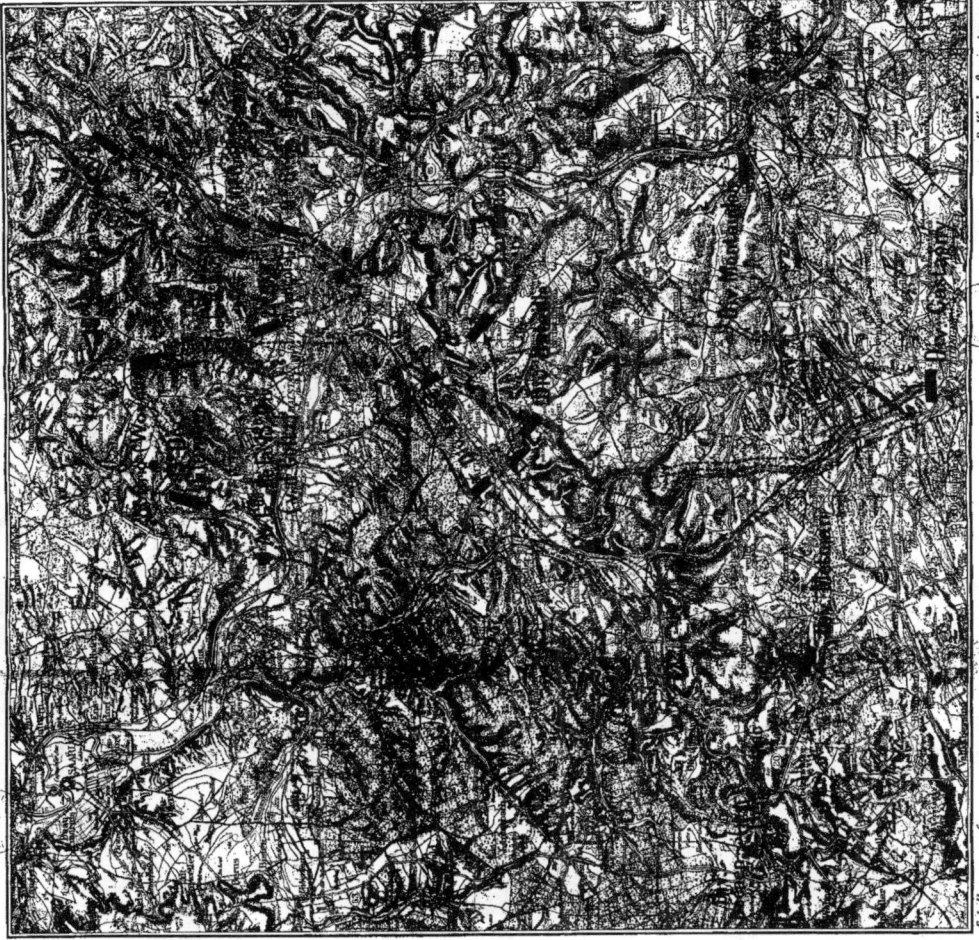

BATAILLE DE SPICHEREN-FORBACH (6 Août 1870)

Echelle : 1 : 100000

De Weyhe. Succès et revers

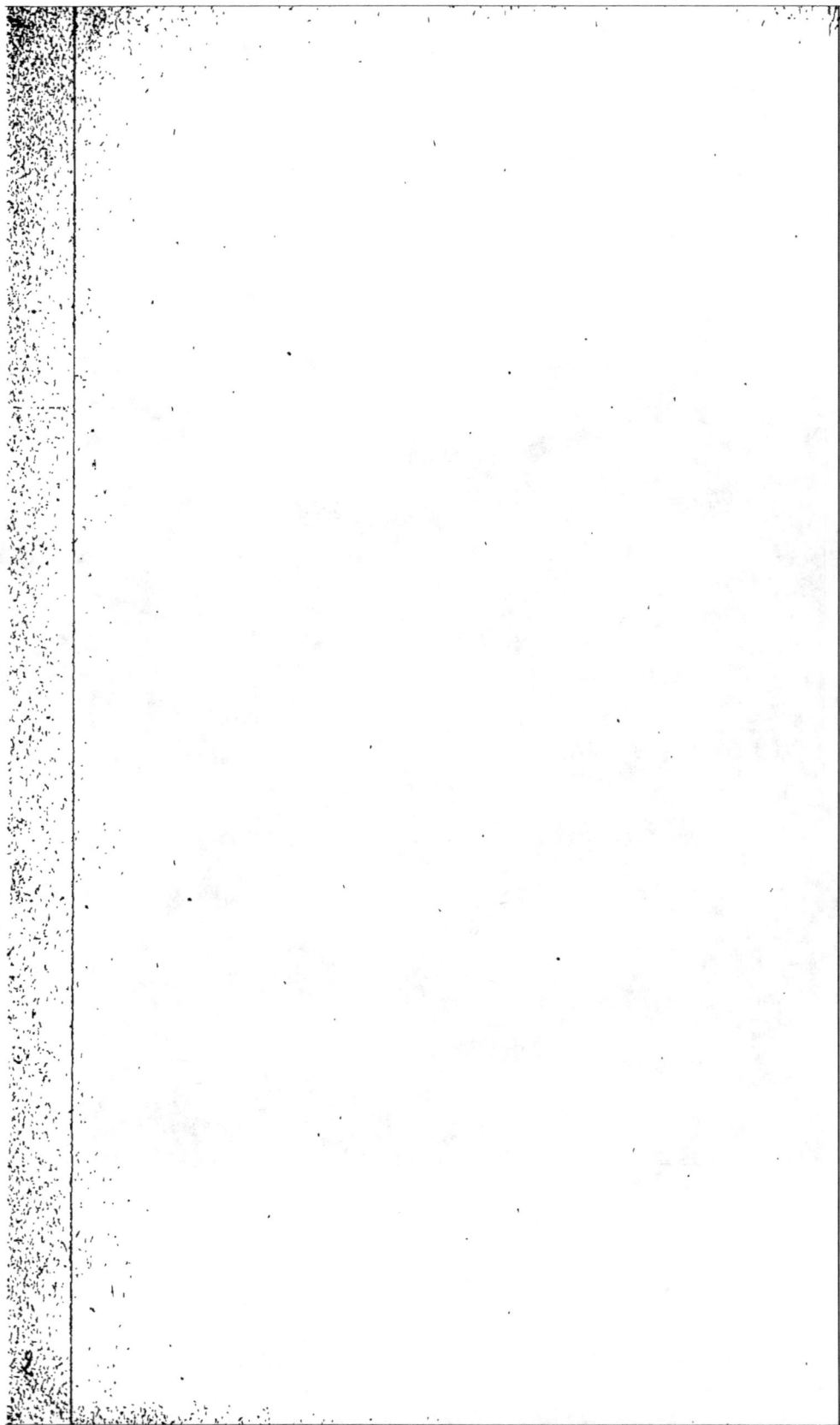

MARCHE EN AVANT DE LA III.e ARMÉE SUR WISSEMBOURG (le 4 Août 1870)

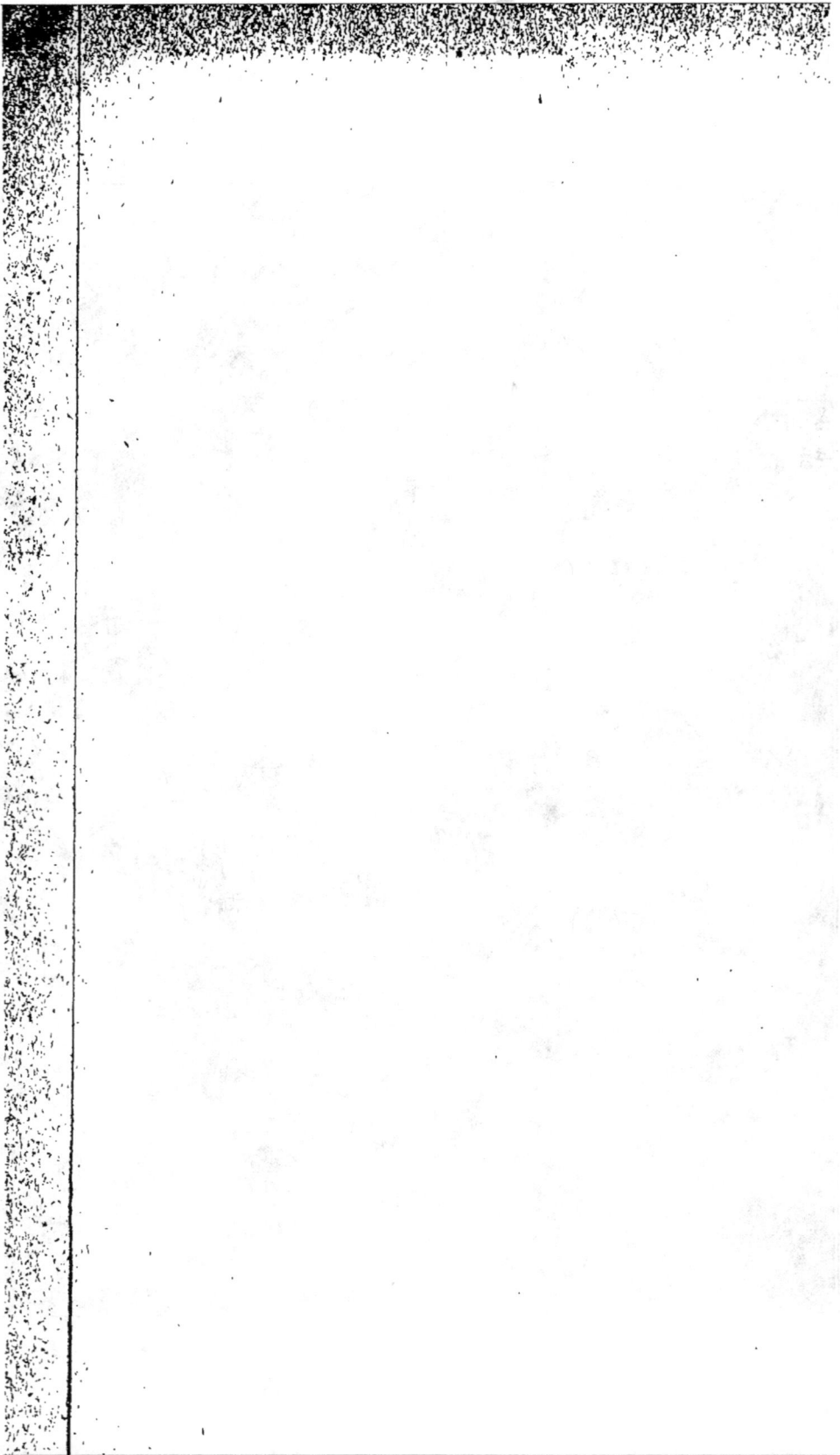

BATAILLE DE WOERTH-REICHSHOFFEN (6 Août 1870)

Extrait de la Carte d'État-Major au 80000°

De Woeikle. Graveur et éditeur.

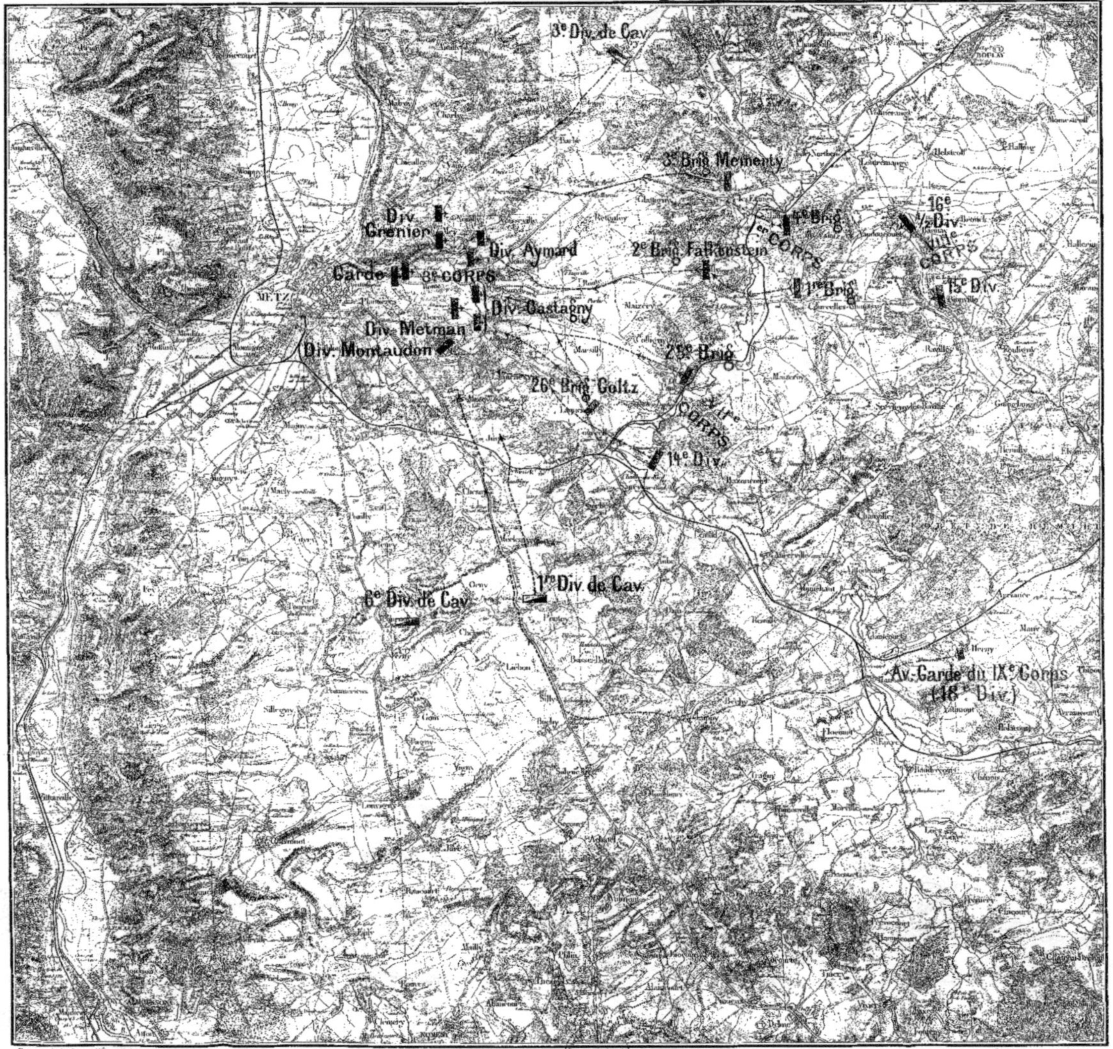

Extrait de la Carte d'État Major ou Reduct.

De Bogle, Sucres et renora.

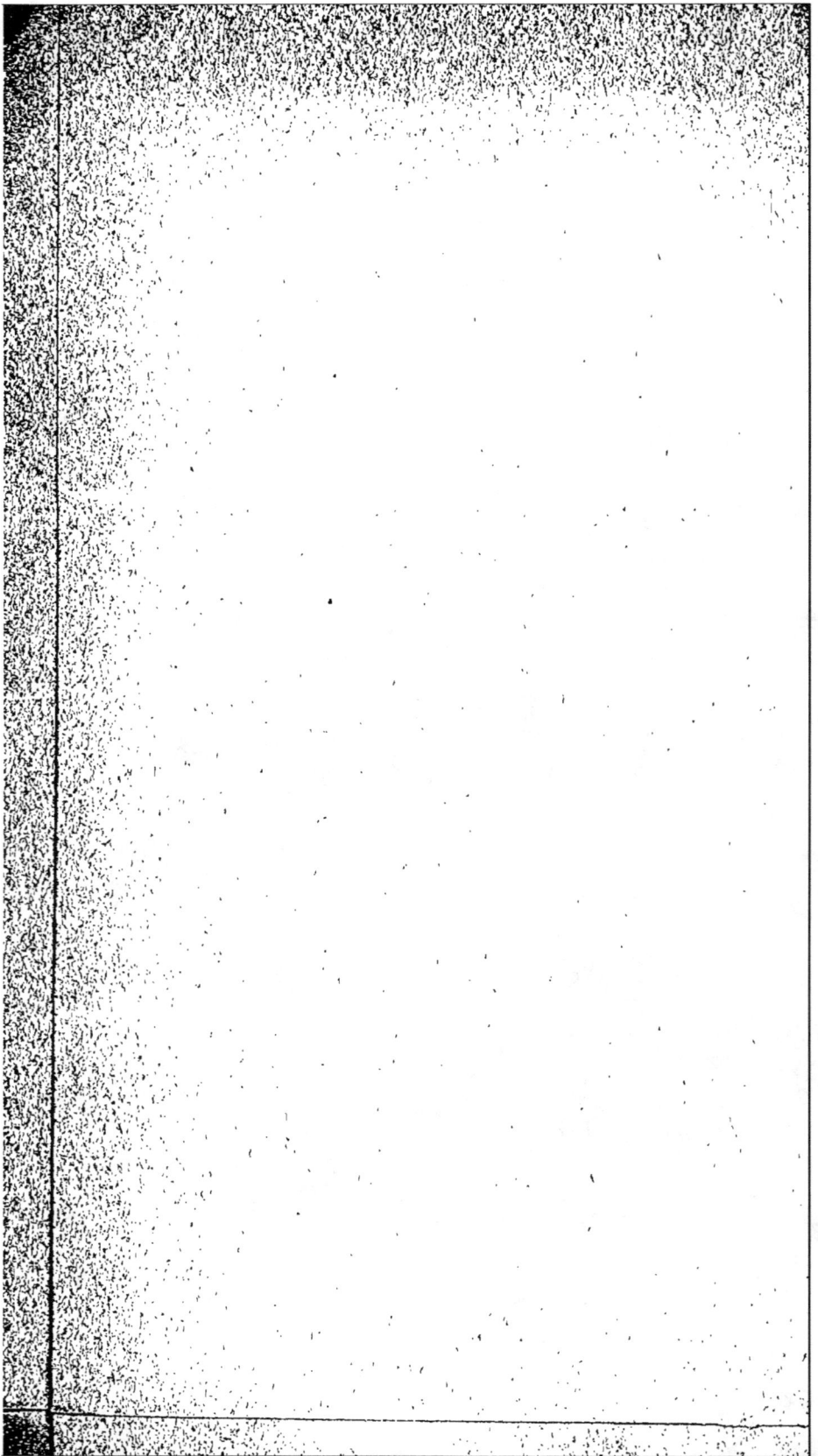

BATAILLE DE VIONVILLE-MARS-LA-TOUR (16 Août 1870)

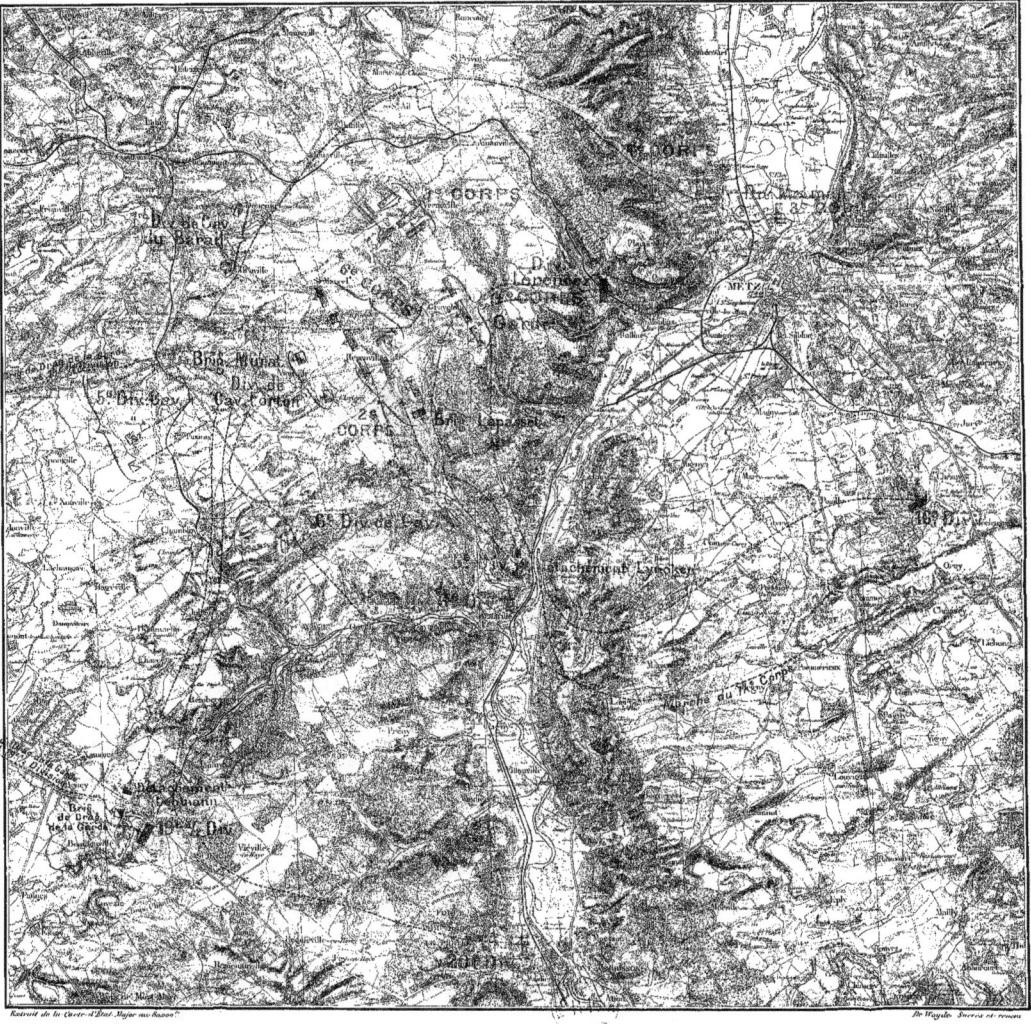

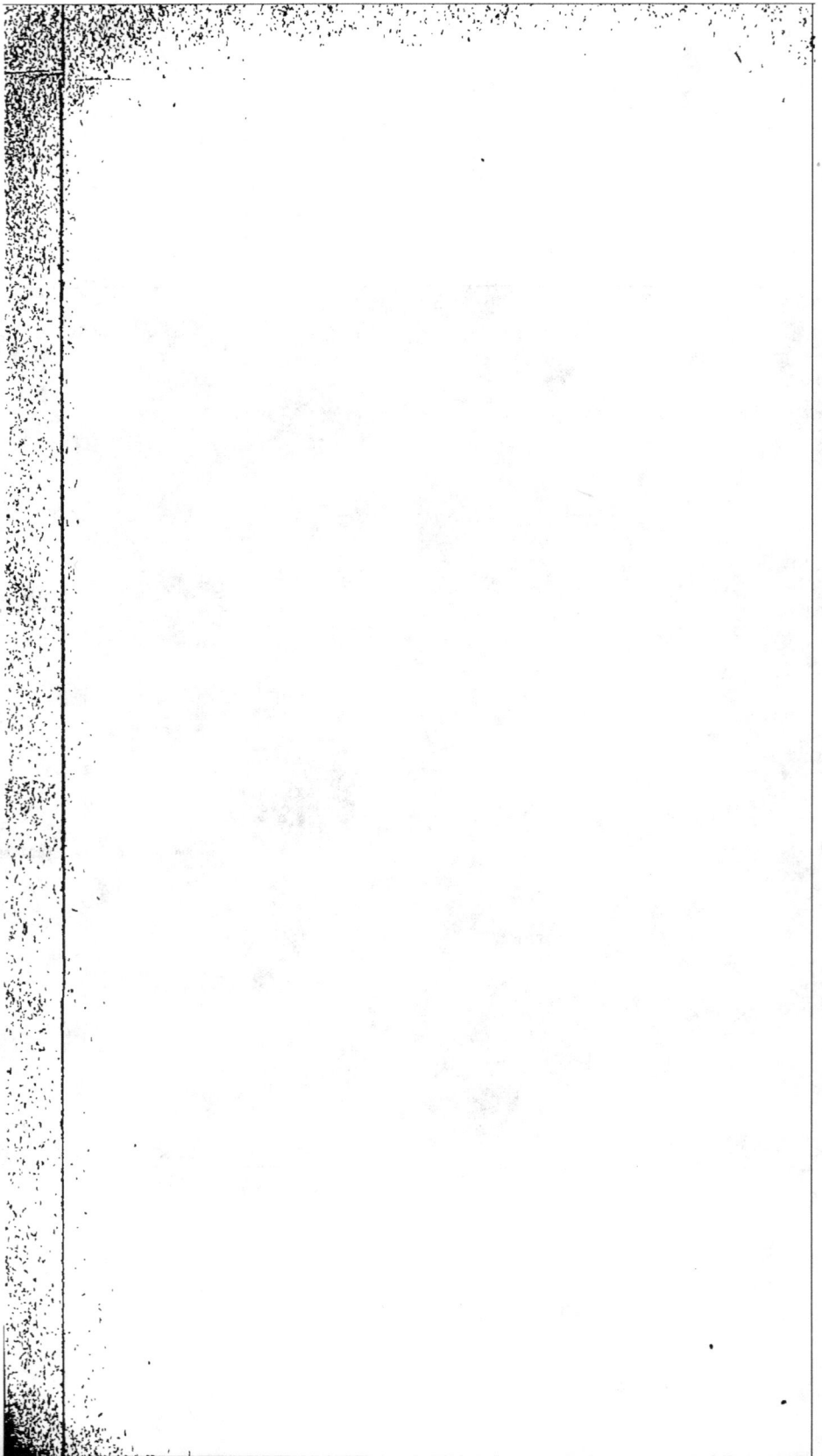

BATAILLE DE GRAVELOTTE - S.t PRIVAT
(18 Août 1870)

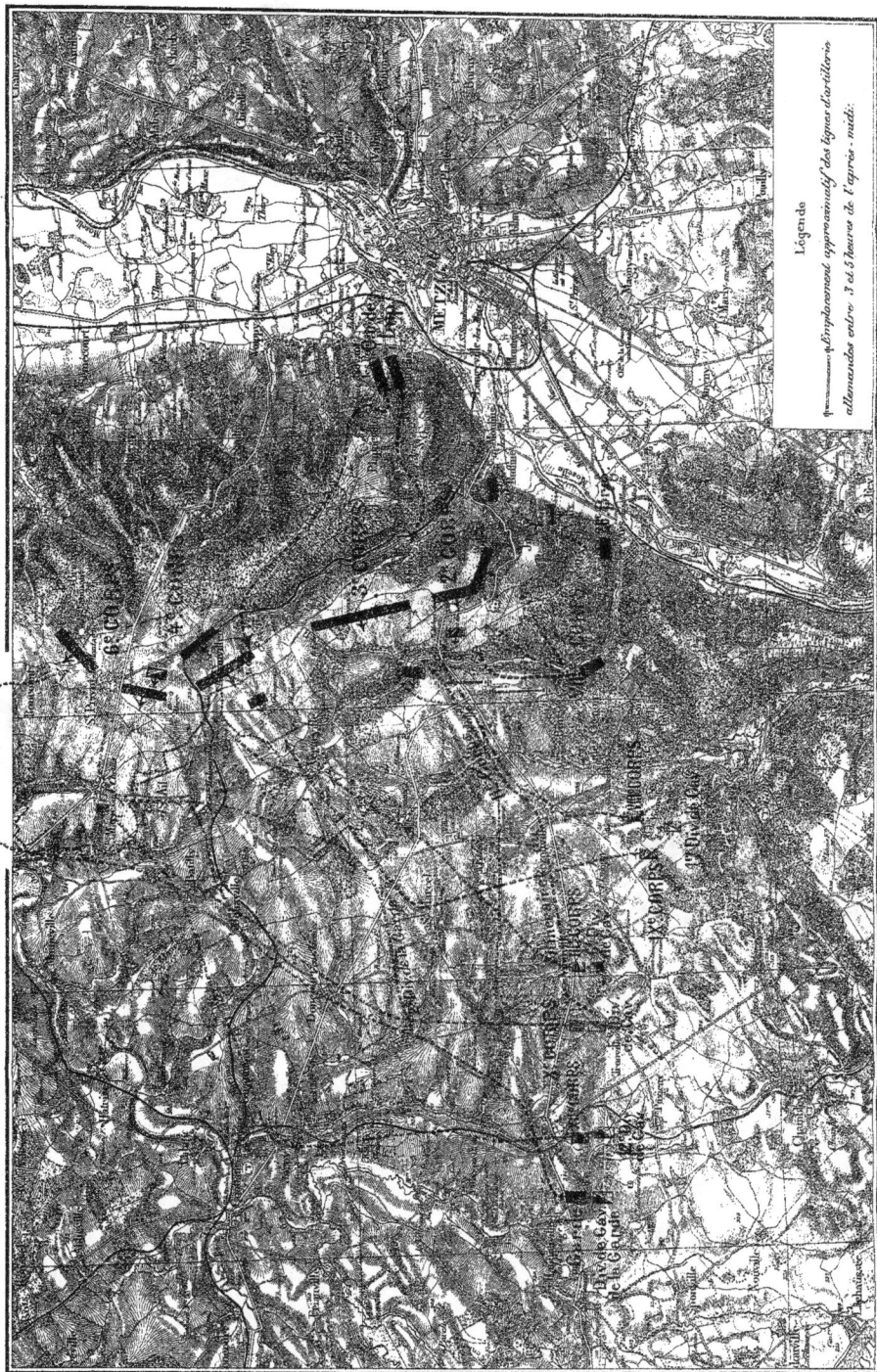

Légende

Emplacement approximatif des lignes d'artillerie
allemandes entre 3 et 5 heures de l'après-midi:

Dr. Woyde. — Strœis et revers.

Extrait de la Carte d'État Major au 80.000.e

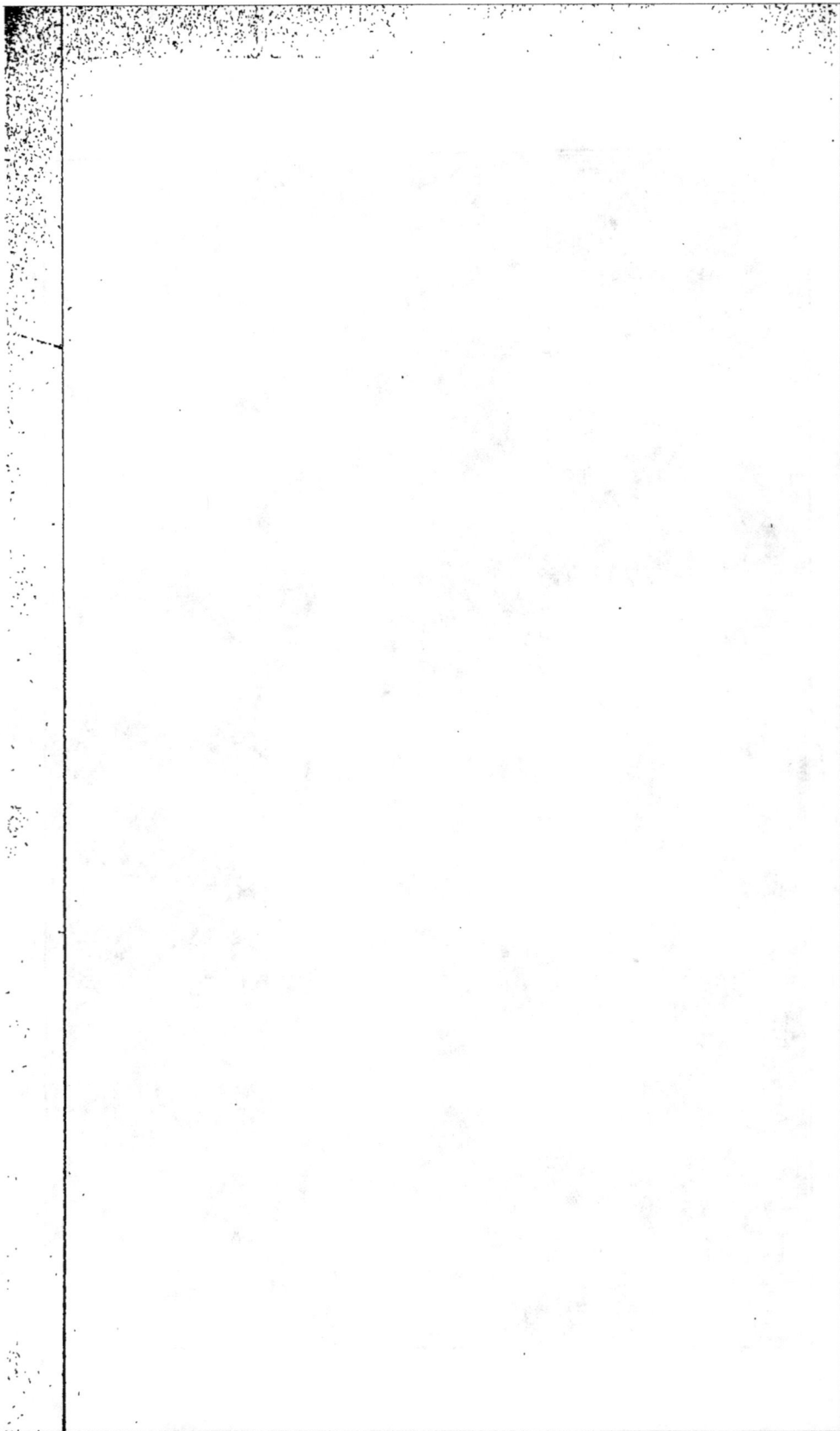

BATAILLE de NOISSEVILLE (31 Aout 1er Septembre 1870)

Positions occupées par les deux partis, le 31 Aout, vers 5 heures du soir

De Woyde. — Sureté et reserve.

Extrait de la Carte d'Etat Major au 80000.

MOUVEMENTS EXÉCUTÉS PAR LES DEUX PARTIS
du 22 au 25 Août 1870

Extrait de la Carte de l'État Major au 1 : 800,000.°

De Woyde. – Succès et revers.

POSITIONS DES DEUX PARTIS LE 29 AOÛT AU MATIN
Marches exécutées pendant cette journée

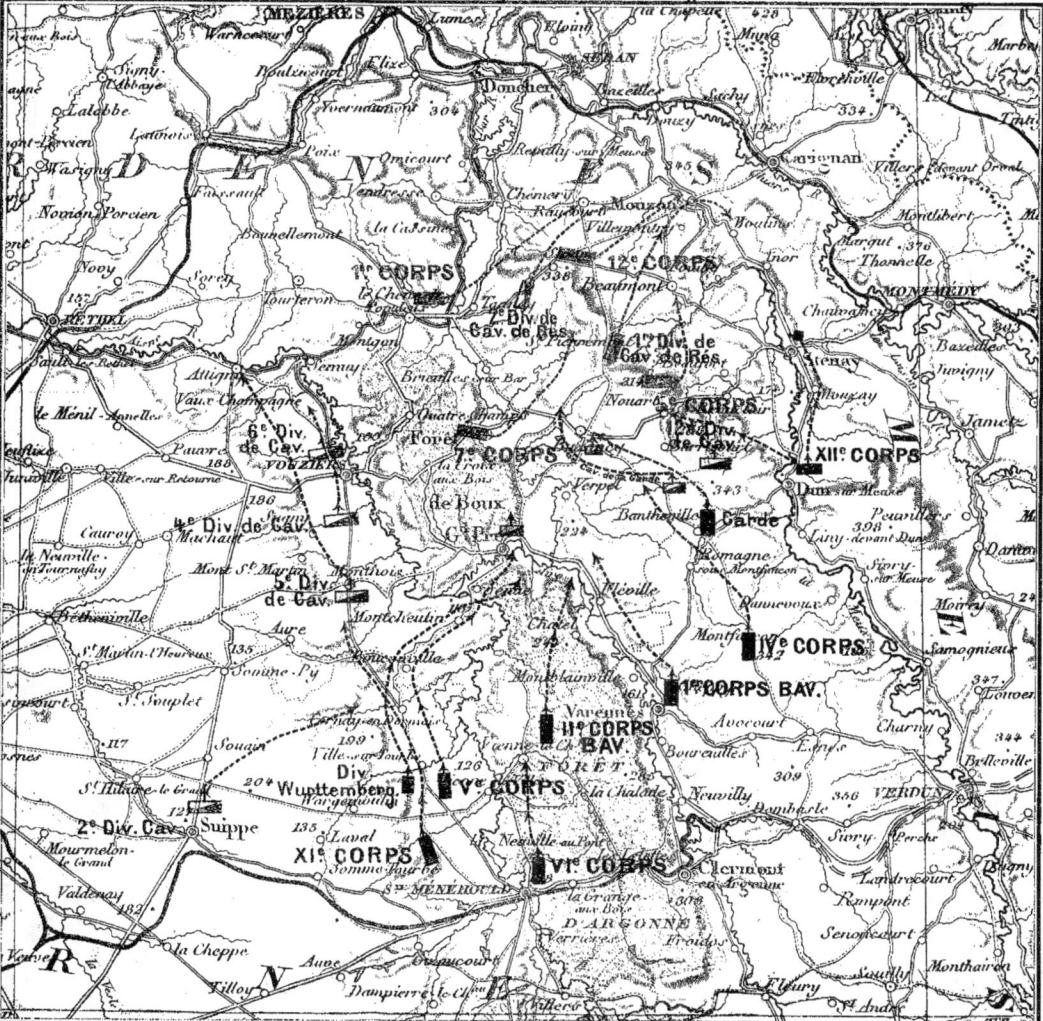

Échelle 1: 500.000.

De Woyde — Succès et revers.

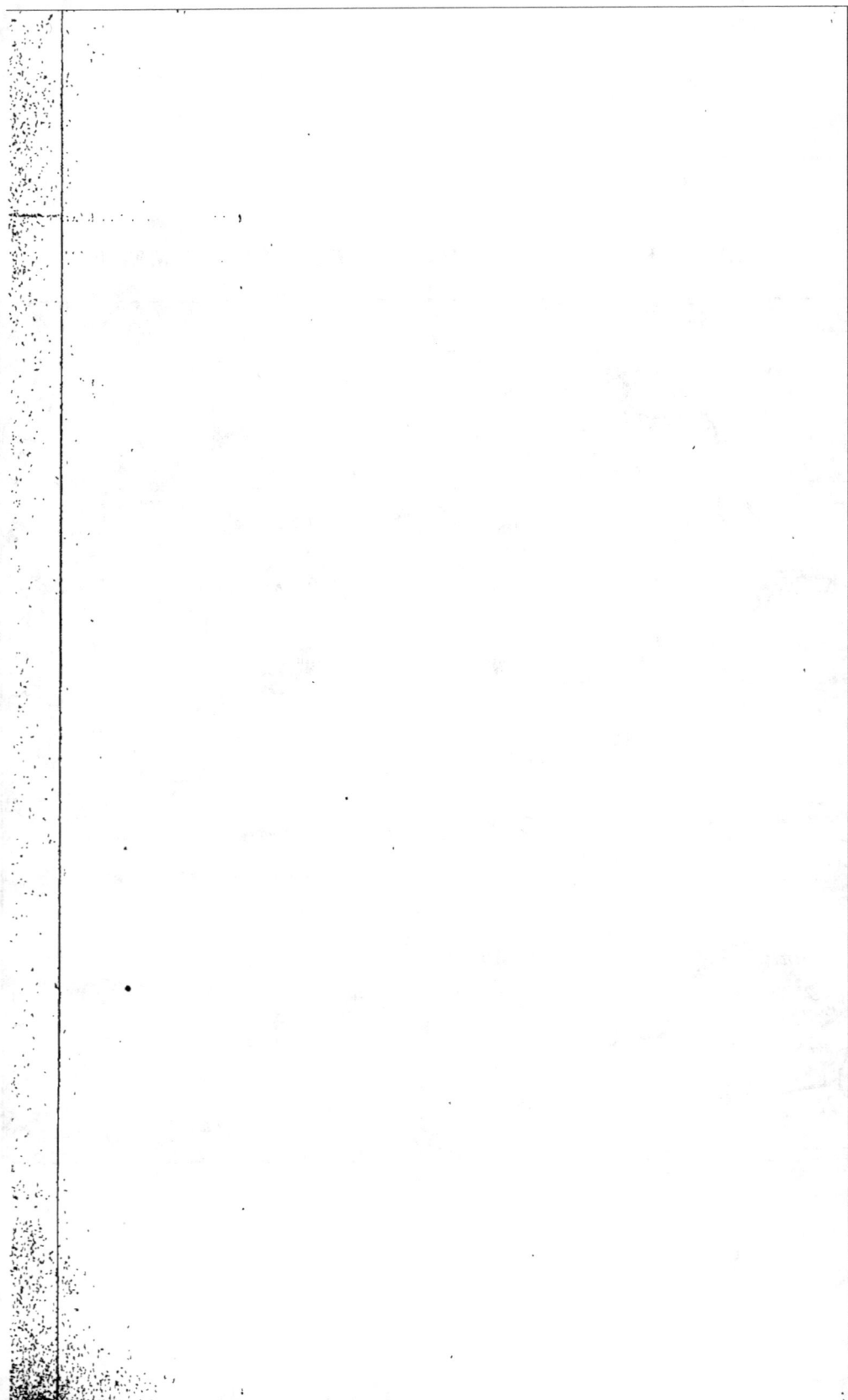

BATAILLE DE BEAUMONT.
le 30 Août 1870.

1ᵉ CORPS

12ᵉ CORPS

5ᵉ CORPS

7ᵉ CORPS

29 Dⁱ

27 Dⁱ

8ᵉ Dⁱ

7ᵉ Dⁱ

Extrait de la Carte d'État Major au 80000ᵉ   De Weyde — Sucode et revers

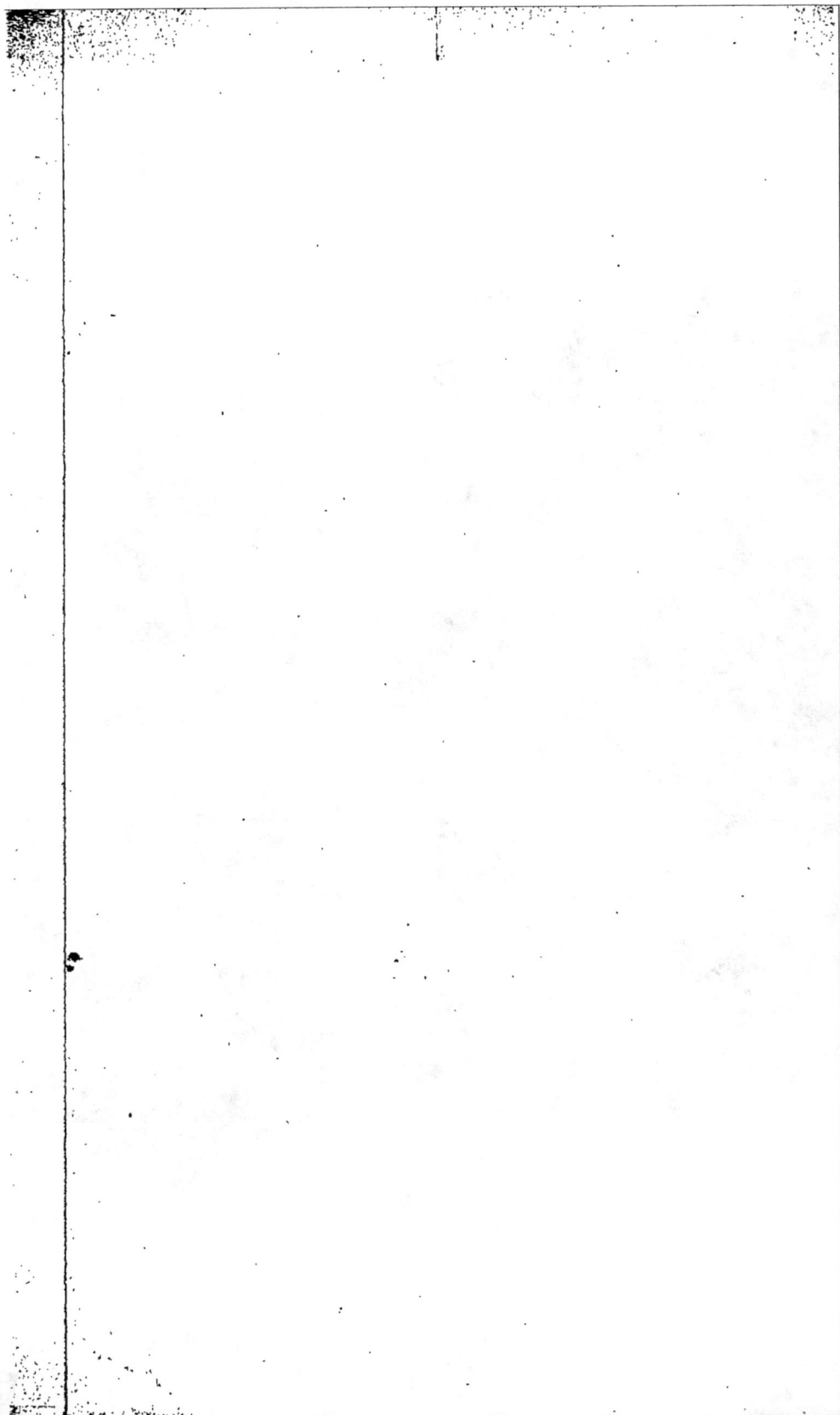

BATAILLE DE SEDAN
Positions occupées par les deux partis , le 1er. Septembre au matin

TABLE DES CARTES

TOME PREMIER

TOME SECOND

Paris. — Imprimerie R. CHAPELOT et Cᵒ, 2, rue Christine.

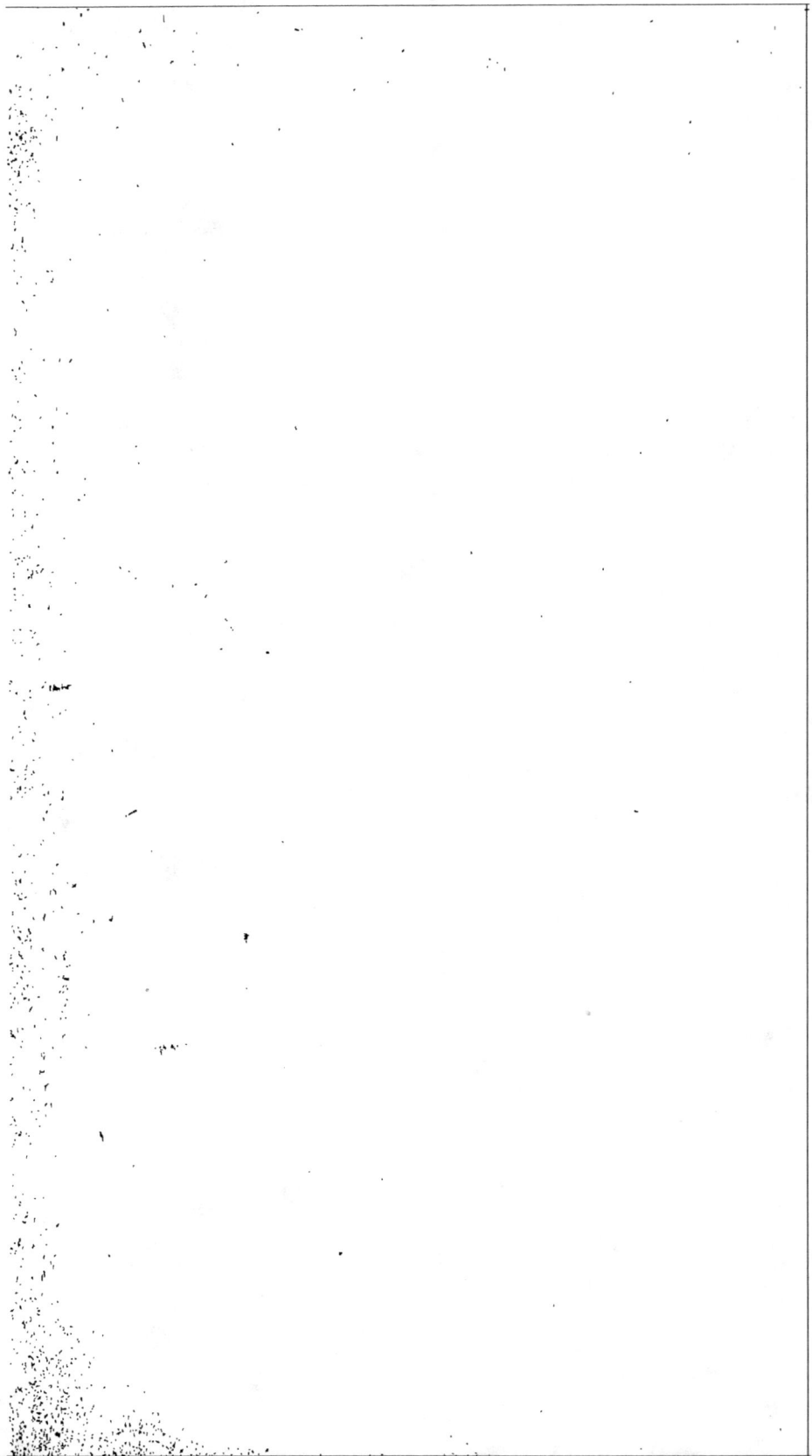

www.ingramcontent.com/pod-product-compliance
Lightning Source LLC
Chambersburg PA
CBHW060755280326
41934CB00010B/2492